Das Bibelbuch der Rekorde

Eine spannende Bibelkunde für Kinder

Text von Betsy Rossen Elliot
und J. Stephen Lang

Illustrationen von S. D. Schindler
Übersetzung von S. Denzel/S. Naumann

hänssler
KINDERLAND

JM ab 6 Jahre

HÄNSSLER-VERLAG KG
Bismarckstraße 4, 7303 Stuttgart-Neuhausen

Illustriert von S. D. Schindler
Text von Betsy Rossen Elliot und J. Stephen Lang
Übersetzung: S. Denzel/S. Naumann

Printed in Hong Kong

ISBN 3-7751-18888
Artikel-Nr. 391.888

INHALT

Falls Du dich immer noch mit den Fragen auf dem Titelblatt herumschlägst, hier sind die Antworten:

Noahs Arche war etwa 136 Meter lang, 23 Meter breit und 13 Meter hoch – ungefähr so groß wie ein Flugzeug!
(1. Mose 6,15)

Goliat war über 2 Meter 70 groß!
(1. Samuel 17,4-7)

König Salomo, den die Leute für den weisesten König von Israel hielten, brachte den Menschen viel Wissen über Pflanzen, Tiere, Vögel, Schlangen und Fische bei.
(1. Könige 5,13)

Der erste Musikant war Jubal. Er erfand die Harfe und die Flöte.
(1. Mose 4,21)

Die ersten Zwillinge waren Jakob und Esau. Sie waren die Söhne von Isaak und Rebekka und die Enkel von Abraham.
(1. Mose 25,19-26)

Personen der Bibel

Welcher berühmte König lebte in der Wüste und aß Gras?

König Nebukadnezar wurde aus seinem Palast gejagt und lebte sieben Jahre lang draußen bei den Tieren und aß Gras wie die Kühe – genau so, wie es der Prophet Daniel vorhergesagt hatte. (Daniel 4,19-33)

Wer waren die Nasiräer?

Die Nasiräer waren eine Gruppe von Männern und Frauen in Israel, die Gott auf ganz besondere Weise dienen wollten. (4. Mose 6,1-2)

Was für ein besonderes Gelübde legten die Nasiräer ab?

Jeder Nasiräer versprach, daß er sich nie die Haare schneiden würde. Nur ganz am Anfang, wenn einer Mitglied der Nasiräer wurde, mußte er sich ein einziges Mal den Kopf scheren lassen. (4. Mose 6,5.18-19)

Welche beiden Brüder waren die ersten Bauern und Schafhirten?
Das waren Kain und Abel, die Söhne von Adam und Eva. Sie bestellten als erste das Land und hüteten Schafe. (1. Mose 4,2)

Was tat Absalom nur einmal im Jahr?
Sich die Haare schneiden. Und auch dann tat er es nur, weil ihm sein Haar zu schwer wurde. Seine langen Haare sollten noch zu einem echten Problem für ihn werden (siehe auch „Die Natur in der Bibel“, S. 50; 2. Samuel 14,25-26)

Was taten die Männer Israels, wenn sie trauerten?
Sie rasierten sich entweder den Bart ab, oder sie rissen sich die Haare büschelweise aus. (Esra 9,3)

Was für ein ungewöhnliches Andenken aus Israel nahm Naeman mit nach Hause nach Syrien?

Erde! Der General war so dankbar, daß Gott ihn von einer Hautkrankheit namens Lepra (Aussatz) geheilt hatte, daß er Erde aus Israel nach Syrien mitnahm, damit er Gott auf israelitischer Erde anbeten konnte. (2. Könige 5,14-17)

Manche Leute sammeln Briefmarken. Was für ein interessantes Hobby hatte König Mescha von Moab?

Sein Hobby war Schafezüchten. (2. Könige 3,4)

Wer erlitt Schiffbruch und trieb einen ganzen Tag und eine ganze Nacht auf dem offenen Meer?

Das war der Apostel Paulus. Der Apostel erlitt insgesamt sogar dreimal Schiffbruch! (2. Korinther 11,25)

Wer wurde noch im Alter von 90 Jahren Mutter?
Sara, die Frau von Abraham, war 90 Jahre alt, als ihr Sohn Isaak geboren wurde. (1. Mose 17,17; 21,1-2)

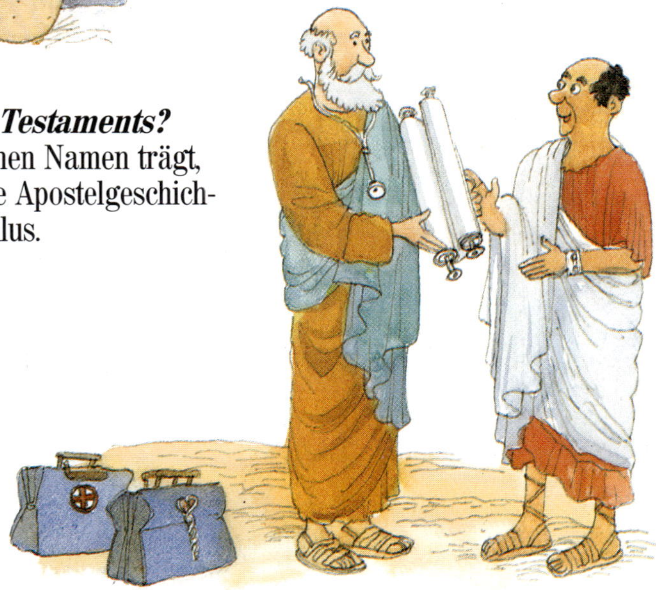

Welcher Arzt verfaßte zwei Bücher des Neuen Testaments?
Das war Lukas. Er schrieb das Evangelium, das seinen Namen trägt, und auf seinen Reisen mit Paulus schrieb er noch die Apostelgeschichte. Beide Bücher widmete er seinem Freund Theophilus.

Elisabeth und Maria waren verwandt und erwarteten zur gleichen Zeit ein Kind. Was passierte Merkwürdiges, als Maria, die Mutter Jesu, Elisabeth besuchte?
Das Baby im Bauch von Elisabeth – das später, als es erwachsen war, Johannes der Täufer wurde – hüpfte in Elisabeths Bauch, als es Marias Stimme hörte. (Lukas 1,35-45)

Wer war der größte Liedermacher in der Bibel?
Diese Ehre gebührt wahrscheinlich König Salomo. Neben den anderen großen Taten, die er vollbrachte, schrieb er noch über 1000 Lieder! (1. Könige 5,12)

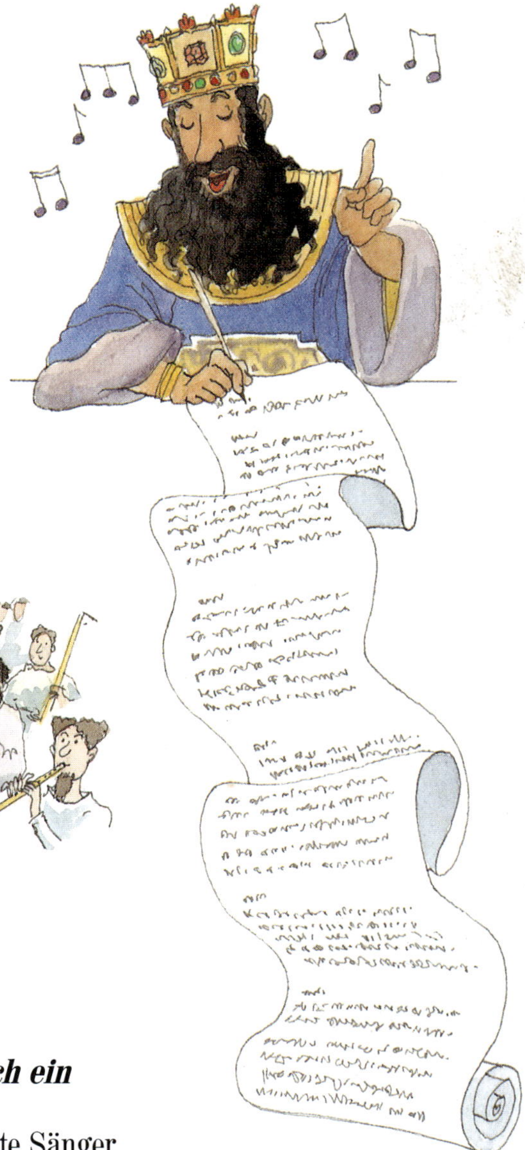

Welcher König war auch noch ein begabter Musiker?
David war allgemein als der beste Sänger Israels bekannt. Er schrieb 73 der Psalmen in der Bibel. Einmal holte er 4000 Musiker zusammen, damit sie auf Instrumenten, die er selbst hatte bauen lassen, zum Lobe Gottes musizierten! (1. Chronik 23,5)

Wer feuerte als erster seine Mannschaft an?
Mose. Solange er seinen Stab hochhielt, waren die Israeliten in ihrem Kampf mit den Amalekitern stärker. Als seine Arme müde wurden, stützten ihn Aaron und Hur und hielten ihm die Arme hoch. (2. Mose 17,11-13)

Was war ein „Walker"?
Zur Zeit der Bibel nannte man die Leute, die die Kleider wuschen, Walker. Sie „walkten" die Kleider mit den Füßen durch oder bearbeiteten sie mit einem Stock in einem Kübel Wasser. Bei dieser Arbeit stank es so fürchterlich, daß sie draußen vor den Toren der Stadt gemacht werden mußte! (2. Könige 18,17; Jesaja 7,3; Markus 9,3)

Wer wurde nach David benannt?
Niemand! Obwohl David einer der größten Helden in der Bibel war, wurde niemals jemand nach ihm benannt. Er ist der einzige David in der Bibel.

In seinem ersten Brief nennt Petrus jemanden den „Erzhirten“. Wen meinte er damit?
Petrus spricht von Jesus, der über die Herde Gottes wacht. (1. Petrus 5,1-4)

Welche Frau war eine Prophetin und zugleich das Staatsoberhaupt von Israel?
Debora war die Frau, die die Israeliten wieder zu Gott führte, nachdem sie gegen den Herrn gesündigt hatten. Und mit der Hilfe von Barak schlug Debora das Heer von König Jabin, der 900 Streitwagen in die Schlacht geschickt hatte. (Richter 4-5)

Was für ein Handtuch benutzte Maria, um Jesus die Füße abzutrocknen, nachdem sie sie in Parfüm gebadet hatte?
Gar keines – sie nahm einfach ihr Haar! (Johannes 12,1-3)

Diese Antwort liegt Dir wahrscheinlich auf der Zunge: Was tat Gott mit Jesaja, um ihm zu vergeben und ihn zu reinigen?
Jesaja hatte im Tempel eine Vision: Ein Engel nahm mit einer Zange ein Stückchen glühende Kohle vom Altar und berührte damit den Mund des Propheten. (Jesaja 6,6-7)

Es gibt einen Mann in der Bibel, der morgens in einer Gefängniszelle aufwachte und am Abend desselben Tages in einem Palast schlafenging. Wer war das?
Josef war ein Sklave in Ägypten. Doch eines Tages erklärte er dem Pharao einen Traum und bekam dafür eine sehr hohe Stellung in der Regierung. (1. Mose 41)

Der Prophet Elisa ging die Straße von Jericho nach Bethel entlang, als plötzlich eine Bande junger Männer über ihn herfiel. Sie fingen an, sich über ihn lustig zu machen. Warum?
Sie verspotteten ihn, weil er eine Glatze hatte. Elisa verfluchte sie, und da kamen zwei Bären aus dem Wald und gingen auf sie los.
(2. Könige 2,23-24)

Wer war als besonders rasanter Fahrer bekannt?
König Jehu war dafür berühmt, daß er mit seinem Wagen pfeilschnell dahinpreschte. Manchmal konnten ihn die Wachen schon von weitem an seinem Fahrstil erkennen.
(2. Könige 9,16-20)

Wer liebte es, wenn ihn stets eine Menschenmenge umgab, wo er auch hinging?
Absalom stellte 50 Männer extra als Leibwache an, daß sie jedes Mal, wenn er ausfuhr, vor ihm herliefen.
(2. Samuel 15,1)

Wer hatte ein wirklich haarsträubendes Erlebnis?
Elifas. Eines Nachts strich in einem Traum ein Geist über sein Gesicht hin. Elifas erschrak so fürchterlich, daß ihm die Haare senkrecht zu Berge standen!
(Hiob 4,12-15)

Kinder, Kinder

Wie alt war Joasch, als er König von Juda wurde?
Da war er sieben Jahre alt. Seine Tante Joscheba hatte ihn sechs Jahre lang vor seiner Großmutter versteckt, die ihn umbringen lassen wollte.
(2. Könige 11,1-3,12,1; 2. Chronik 22,11-12)

Zwei Frauen behaupteten bei ein und demselben Baby, daß es ihr Kind sei. Wie fand König Salomo heraus, welche von ihnen die Wahrheit sagte?
Statt eine Menge Fragen zu stellen, befahl Salomo, das Baby in der Mitte zu zerteilen. Er dachte, daß die richtige Mutter ihr Kind sicher lieber hergeben würde, als es töten zu lassen – und er hatte recht.
(1. Könige 3,16-28)

Welcher Richter in Israel hatte 70 Söhne?
Gideon. (Richter 8,30)

Wer war erst acht Jahre alt, als er König von Juda wurde?
Josia. Er war Gottes Gesetz besonders gehorsam und wurde berühmt dafür, daß er den Götzendienst abschaffte. (2. Könige 22,1-23,30)

Wo versteckte Moses Mutter ihr Baby, damit es nicht vom ägyptischen Pharao getötet wurde?
Erst versteckte sie es drei Monate bei sich zuhause. Dann machte sie ein kleines Boot aus Papyruszweigen und verbarg es am Ufer des Nil. Dort fand die Tochter des Pharao das Kind und rettete es. (2. Mose 2,1-10)

Wie half Jesus Jairus, dem Vorsteher einer Synagoge?
Jairus' Tochter war sehr, sehr krank und starb, noch bevor Jesus zu ihr kommen konnte. Doch Jesus machte sie wieder lebendig.
(Markus 5,22-23.35-43; Lukas 8,41-56)

Was passierte einem jungen Mann mit 17 Jahren, als er seinen Brüdern einen Traum erzählte?
Josef war der Lieblingssohn seines Vaters. Eines Tages erzählte er seinen Brüdern, er hätte geträumt, wie sich ihre Ährenbündel vor dem seinen verbeugten. Darüber waren sie so wütend, daß sie ihn in die Sklaverei verkauften! (1. Mose 37,1-28)

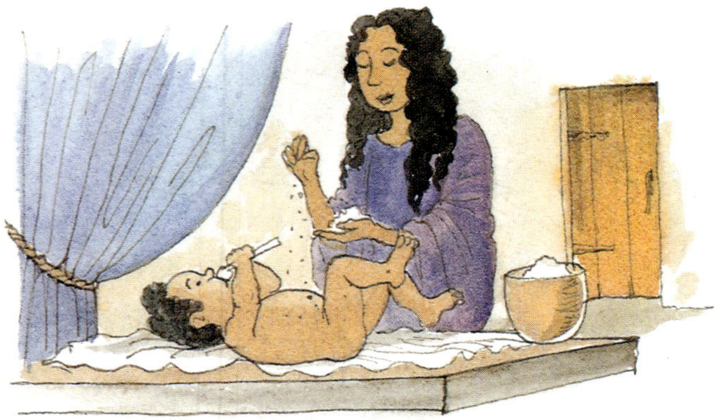

Womit wurde ein neugeborenes Baby zur Zeit der Bibel eingerieben?
Wenn das Baby sauber gewaschen war, wurde es am ganzen Körper mit Salz eingerieben. Das tat man wahrscheinlich, weil das Salz wie ein Desinfektionsmittel wirkt. (Hesekiel 16,4)

Welcher kleine Junge lehrte im Tempel in Jerusalem?
Jesus. Er war erst zwölf Jahre alt, als er schon die Gesetzeslehrer unterrichtete. Das waren sehr kluge Männer, aber trotzdem waren sie überrascht über das große Wissen von Jesus. (Lukas 2,41-47)

Welches Waisenmädchen wurde Königin von Medien und Persien?
Das war Esther. Sie war eine Waise und außerdem eine jüdische Sklavin. Esther heiratete König Ahasveros und wurde somit Königin. Das alttestamentliche Buch „Esther“ erzählt von ihr.

Wer wurde mit 12 Jahren König von Juda und machte alles falsch?
Manasse. Manasse war der Sohn von König Hiskia. Er herrschte 55 Jahre lang, doch er verführte sein Volk dazu, falsche Götter anzubeten. Hoch auf den Hügeln baute Manasse Altäre für heidnische Götzen und betrieb dort schlimme Zauberei. (2. Könige 21,1-18)

Was mußte Gott tun, damit Samuel seine Botschaft hörte?
Gott rief Samuel drei Mal, während der Junge schlief. Doch Samuel dachte jedes Mal, es sei die Stimme des Priesters Eli gewesen, dem er diente. Schließlich sagte Eli zu ihm, daß er der Stimme antworten soll: „Rede, Herr, denn dein Knecht hört“, wenn er sie noch einmal hören würde. So geschah es, und von der Zeit an war Gott mit Samuel. (1. Samuel 3,1-19)

Drei Jahre lang hielt Daniel eine bestimmte Diät ein. Was aß er dabei?

König Nebukadnezar hatte Daniel, Hananja, Mischaël, Asarja und noch andere junge Männer ausgesucht, ihm persönlich zu dienen. Zuvor sollten sie eine dreijährige Ausbildung bekommen. Die vier Freunde beschlossen jedoch, nichts von dem Wein und dem herrlichen Essen, das ihnen der König vorsetzen ließ, zu nehmen, sondern sich rein zu halten und stattdessen nur Wasser zu trinken und Gemüse zu essen. Am Ende der drei Jahre waren Daniel und seine Freunde die gesündesten und weisesten Männer von allen in der Gruppe. (Daniel 1)

Warum brauchte der stärkste Mann der Welt die Hilfe eines kleinen Jungen?

Simson war von den Philistern überfallen, geblendet und ins Gefängnis geworfen worden. Einmal wollten sie sich über ihn lustig machen und ließen ihn dazu in ihren Tempel bringen. Da bat Simson einen kleinen Jungen, ihn zu einer der Säulen des Tempels zu führen. Mit Gottes Hilfe stieß er dann die Säule um, und der Tempel stürzte ein. Simson selbst und noch 3000 Menschen kamen dabei ums Leben. (Richter 16,23-30)

Wessen Brüder hießen Jakobus, Josef, Simon und Judas?

Die Brüder von Jesus hießen so!
(Matthäus 13,55; Markus 6,3)

Wer erzählte Timotheus von Gott, als er noch klein war?

Timotheus' Mutter Eunike und seine Großmutter Lois unterrichteten den Jungen im Glauben. Und sie machten ihre Sache gut, denn als Timotheus erwachsen war, wurde er Missionar und konnte Paulus helfen. (2. Timotheus 1,5)

Welcher Teenager buddelte mit Feuereifer in der Erde herum?

Usija tat das. Er wurde mit 16 Jahren König von Juda. Usija war bekannt für seine Liebe zur Erde, weil er so viele Bauernhöfe und Weinberge hatte. (2. Chronik 26,1.10)

Das Versprechen, das Jeftah Gott gab, kostete ihn einen hohen Preis. Worin bestand dieser Preis?

Jeftah mußte seine einzige Tochter opfern. Weil Gott ihm geholfen hatte, die Ammoniter zu besiegen, hatte Jeftah versprochen, ihm zu opfern, was ihm als erstes aus seinem Haus entgegenkam, wenn er aus der Schlacht heimkehrte. Seine einzige Tochter lief ihm entgegen. Sie wollte ihren Vater begrüßen. (Richter 11,30-35)

Welcher Priester verwöhnte seine Söhne viel zu sehr?

Eli. Seine Söhne waren so verzogen, daß sie Gott nicht mehr achteten. Deshalb beschloß Gott, ihnen ihre Sünden nie mehr zu vergeben, ganz gleich, wieviele Opfer sie auch darbrächten. (1. Samuel 3,13-14)

Mose und Aaron waren Brüder, die später wichtige Anführer des Volkes Israel wurden. Wer war der ältere von den beiden?

Aaron – er war drei Jahre älter. (2. Mose 7,7)

Wessen Kinder machten so viel Ärger, daß ihre ganze Familie aus dem Land wegziehen mußte?

Das waren die Kinder Jakobs. Sichem, der Sohn König Hamors, hatte sich in Dina, die Enkelin Jakobs, verliebt und wollte sie heiraten. Aber Dinas Brüder Simeon und Levi mochten Sichem nicht. Sie gingen in die Stadt, in der er lebte, und töteten dort alle Männer, die dort wohnten. Jakob war so außer sich über das, was geschehen war, daß er mit seiner Familie fortzog in die Stadt Bethel. (1. Mose 34; 35,1)

Wer war eines der bestangezogensten Kinder in der Bibel?

Das war Josef. Josefs Vater, der Hirte Jakob, gab Josef einen herrlichen bunten Mantel. Solche Mäntel trugen sonst nur Könige. (1. Mose 37,3)

Welcher König mußte sich wohl eine Menge Mädchengeplapper anhören?

Rehabeam. Er hatte 60 Töchter! (2. Chronik 11,21)

Welches Baby kam mit einem Armband als Erkennungszeichen auf die Welt?

Serach. Als Tamar Zwillinge zur Welt brachte, nahm die Hebamme einen roten Faden und band ihn dem Kind um das Handgelenk, das als erstes erschien. Doch das Baby zog seinen Arm noch einmal zurück, und das andere wurde zuerst geboren. Dann erst kam das Kind mit dem roten Armband heraus. Man gab ihm den Namen Serach. (1. Mose 38,27-30)

Welcher Jünger war wahrscheinlich ein Zwilling?
Thomas, denn er wurde „der Zwilling" genannt. (Johannes 11,16)

Noomi nahm Obed, den Sohn ihrer Schwiegertochter Rut, sogleich, als er geboren war, auf den Schoß. Was hatte das zu bedeuten?
Es war ein Zeichen, daß Noomi Obed adoptieren und als ihren eigenen Sohn annehmen wollte. Sie tat das, weil ihre beiden eigenen Söhne gestorben waren und sie wieder einen Erben haben wollte. (Rut 4,14-17)

Mit welchem überraschenden Bild beschreibt der Prophet Jesaja eine Zeit des Friedens?
Er spricht von einem kleinen Jungen. Jesaja sagt, daß Frieden herrschen wird, wenn ein kleines Kind wilde Tiere hüten wird. (Jesaja 11,6)

Merkwürdige Rekorde in der Bibel

Wer war der älteste Mensch in der Bibel?
Methuschelach, der Großvater Noahs, lebte 969 Jahre lang! (1. Mose 5,25-27)

Welches ist der häufigste Name in der Bibel?
27 Männer in der Bibel heißen Schemaja.

Welchen Spitznamen gab man Missionaren, die nebenbei noch einen anderen Beruf hatten?
Missionare, die noch einen anderen Beruf gelernt hatten, wurden manchmal auch „Zeltmacher“ genannt, weil der Apostel Paulus, der für sein Predigen und Lehren berühmt war, sich das Geld für seinen Lebensunterhalt gelegentlich mit Zeltmachen verdiente. Dieser Spitzname wird heute noch gebraucht. (Apostelgeschichte 18,1-3)

Wer gab seinem Sohn einen Namen, der „Lachen" bedeutete?
Sara und Abraham. Die beiden nannten ihren Sohn Isaak, das heißt „Lachen", weil sie in ihrem hohen Alter doch noch einen Sohn bekommen hatten.
(1. Mose 17,17; 18,13)

Wieviele Frauen hatte König Salomo?
Salomo herrschte 40 Jahre lang und hatte 700 Frauen!
(1. Könige 11,3)

Welcher von Jesu Aposteln trug den Beinamen „Felsen"?
Der Apostel Petrus. Der ursprüngliche Name von Petrus war Simon. Jesus nannte ihn Petros – oder Petrus –, das bedeutet im Griechischen „Felsen". Damit erklärte Jesus, daß der Glaube von Petrus zum Grundstein für die Kirche werden sollte. (Matthäus 16,17-18)

Warum ist „Exodus" ganz genau der richtige Name für das 2. Buch Mose?
Das Wort „exodus" bedeutet „Auszug" oder „Abreise" vieler Menschen: Das Buch Exodus erzählt denn auch, wie die Israeliten – ungefähr 600 000 Männer mit ihren Frauen, Kindern, Tieren und ihrem ganzen Besitz – aus Ägypten flohen und sich auf ihren langen Weg durch die Wüste machten. (2. Mose 12,31-38)

Auf ihrer Wanderung durch die Wüste aßen die Israeliten etwas, das übersetzt „Was ist das?" heißt. Was war es?
Sie aßen Manna. Das waren wahrscheinlich eine Art dünne weiße Waffeln, die wie Honig schmeckten. (2. Mose 16,31)

Was tat jemand, der mit Homer, Efa und Bat hantierte?
Er maß oder wog Flüssigkeiten oder Waren ab. Zehn Efa entsprachen einem Homer fester Ware, und zehn Bat entsprachen einem Homer Flüssigkeit. Ein Homer war soviel wie fünf Scheffel. (Hesekiel 45,11)

Wieviele Menschen machte Jesus mittags einmal satt?
5000. Die vielen Leute waren gekommen, um Jesus zuzuhören. Ein kleiner Junge war der einzige, der etwas zu essen dabei hatte: Fünf Laibe Brot und zwei Fische. Damit machte Jesus die ganze Menschenmenge satt, und es blieben sogar noch zwölf Körbe voll Essen übrig! (Johannes 6,1-13)

Gott änderte die Namen eines älteren Ehepaares, als er ihnen versprach, daß sie doch noch ein Kind bekommen sollten. Wer war dieses Ehepaar?
Sara und Abraham. Aus Sarai wurde Sara („Prinzessin") und aus Abram wurde Abraham („Vater der Völker"). (1. Mose 17,1-19)

Welches besondere Kennzeichen haben die 144 000 Menschen, die Gott in der Offenbarung für sich erwählt?
Diese Menschen aus den zwölf Stämmen Israels tragen das Siegel Gottes auf der Stirn. (Offenbarung 7,3-8)

Welches ist der längste Name in der Bibel?
Diesen Rekord hält Maher-Schalal-Hasch-Bas, der Sohn des Propheten Jesaja. Gott hatte Jesaja befohlen, seinem Sohn diesen Namen zu geben. Er bedeutet „Raubebald-Eilebeute". (Jesaja 8,1)

Jakob bekam im Laufe seines Lebens einen anderen Namen von Gott. Wie lautete sein neuer Name und was bedeutete er?
Gott gab Jakob den Namen „Israel". Das bedeutet „du hast mit Gott gekämpft". Jakob bekam diesen Namen, weil er mit einem Engel gerungen hatte. (1. Mose 32,23-30; 35,9-10)

Woher kommt das Wort Menetekel?
König Belsazar hatte einmal über 1000 Leute zu einem großen Fest geladen. Plötzlich erschien eine riesengroße Hand, die etwas an die Wand schrieb! Nur Daniel konnte dem König sagen, was die Worte bedeuteten: Sie verkündeten ihm das Gericht Gottes und seinen Tod. (Daniel 5)

Im Matthäusevangelium steht, daß es, als Jesus am Kreuz hing, „von der sechsten Stunde an … bis zur neunten Stunde" dunkel war. Welche Zeit wäre das heute, nach unserer Zeitrechnung?
Von 12 Uhr mittags bis 3 Uhr nachmittags. (Matthäus 27,45)

Wie groß war nochmal Goliat?
Der Riese aus dem Volk der Philister, der mit David kämpfte, war über 2 Meter 70 groß! Er trug einen Helm aus Bronze, ein 90 Kilogramm schweres Kettenhemd und Beinschienen, ebenfalls aus Bronze. Sein bronzener Speer war ungeheuer groß und mehrere Zentimeter dick, mit einer eisernen Spitze, die 11 Kilogramm wog. (1. Samuel 17,4-7)

Es gibt einen Mann in der Bibel, dessen Name „Fersenhalter" bedeutet. Wer ist das?
Jakob. Er bekam diesen Namen, weil er sich bei der Geburt an der Ferse seines Zwillingsbruders Esau festhielt. (1. Mose 25,24-26)

Wessen Name bedeutet soviel wie „Bote“. Es gibt auch ein biblisches Buch mit diesem Namen.
Maleachi.

Wessen Name stammt aus der Vogelwelt?
Jona. Sein Name bedeutet „Taube“.

Was bedeutet das Wort „Bibel“?
Das Wort „Bibel“ kommt von dem lateinischen und griechischen Wort „biblia“, „Bücher“. Das erste Mal wurde dieses Wort für das Buch, das wir heute die „Bibel“ nennen, ungefähr im Jahr 150 n. Chr. gebraucht. Daniel las in den alten Weissagungen der Propheten, den „Büchern“. Im Neuen Testament werden bestimmte Teile des Alten Testaments als „die Schrift“ oder „die heilige Schrift“ bezeichnet.
(Daniel 9,2; Matthäus 21,42; 2. Timotheus 3,15-16; 2. Petrus 3,16)

Wer änderte seinen Namen von einem Wort, das „freundlich“ bedeutete, in eines, das „bitter“ bedeutet?
Ruts Schwiegermutter Noomi (das heißt „freundlich“) war so sehr traurig, als ihr Mann und ihre Söhne starben, daß sie von da an „Mara“ (das heißt „bitter“) gerufen werden wollte. (Rut 1,20)

Welche Königin hatte einen „himmlischen“ Namen?
Esther. Ihr Name bedeutet „Stern“.

Welche liebevolle, selbstlose Frau in der Bibel war es „wert, angesehen zu werden“?
Rut. Ihr Name bedeutet genau das: „wert, angesehen zu werden.“

Welcher Prophet hatte einen sehr „schweren“ Namen?
Amos. Sein Name bedeutet: „er trägt eine Last.“

Welcher Apostel hatte einen „leuchtenden“ Namen?
Lukas. Das bedeutet: „Licht spendend“.

Welcher besorgte Mann hatte einen Namen, der wunderbar zu ihm paßte?
Hiob. Sein Name bedeutet: „einer der weint“. Und Hiob verlor ja alles, was er besaß.

Die Welt der Tiere

Der Vogel Strauß ist in der Bibel für zwei Eigenschaften bekannt. Welche sind das?

Er galt als dumm, weil er seine Eier einfach in den Sand legt, ohne Rücksicht darauf, daß sie zerdrückt werden könnten. Außerdem kann ein Strauß ganz außergewöhnlich schnell laufen – schneller als ein Pferd. (Ein erwachsener Vogel Strauß kann eine Geschwindigkeit von beinahe 120 Stundenkilometern erreichen.) (Hiob 39,13-18)

Welches Tier wird im Buch Hiob als „Behemot" oder Wasserungeheuer bezeichnet?

Die Bibelforscher sagen, daß Gott mit diesem mächtigen Tier das Nilpferd meinte. Es lebt heute nicht mehr in den Landstrichen, in denen die Geschichten der Bibel spielen, aber bis ins 12. Jahrhundert gab es dort noch Nilpferde. (Hiob 40,15)

Salomo brachte aus Ägypten und aus anderen Ländern Pferde nach Israel. Wofür wurden sie gebraucht?

Pferde, die Symbole der Stärke, wurden normalerweise nur im Krieg eingesetzt. Salomo selbst besaß 4000 Gespanne für Kriegswagen und 12 000 Leute für die Pferde. Normalerweise reisten die Menschen mit Eseln. (1. Könige 5,6)

Welche beiden Tiere hättest Du auf einem israelitischen Feld niemals zusammen vor den Pflug gespannt gesehen?

Einen Ochsen und einen Esel. Die Israeliten wußten, daß man Dinge, die nicht gleich sind, nicht zusammentun soll – auch nicht Tiere. (5. Mose 22,10)

Ein ganz bestimmtes Tier, das wir heute auf vielen Bauernhöfen sehen, durften die Israeliten nicht halten. Welches Tier war das?

Sie durften keine Schweine halten. Schweine waren ein Symbol für alles Schlechte und durften auch nicht gegessen werden. (3. Mose 11,7; 5. Mose 14,8)

Wie wurde der Prophet Jona gerettet, nachdem er von einem Schiff über Bord geworfen worden war?

Gott schickte einen „großen Fisch", wahrscheinlich einen Wal, der ihn verschluckte. Drei Tage und drei Nächte saß Jona sicher im Bauch des Wals. In dem Meer, über das Jona gesegelt war, gab es mehrere Arten von Walen, darunter auch den Pottwal, der groß genug war, einen Menschen ganz zu verschlucken. Im 20. Jahrhundert ist das mehrmals wirklich geschehen, und einige Leute, die das überlebt haben, konnten davon erzählen! (Jona 2,1)

Heute wissen wir, daß die Fledermaus ein Säugetier ist. Wofür hielten die Menschen von damals dieses Tier?
Sie glaubten, die Fledermaus sei ein Vogel. Die Bibel verwendete den damals üblichen Sprachgebrauch. Die Fledermaus wurde daher zu den unreinen Tieren gerechnet, die das Volk Israel nicht essen durfte. (3. Mose 11,13-19)

Wieviel Paare von jeder Tierart nahm Noah in die Arche auf?
Noah nahm sieben Paare von allen Vögeln und sieben Paare von allen „reinen" Tieren mit. Doch von allen „unreinen" Tieren, die nicht gegessen werden durften, nahm er jeweils nur ein einziges Paar mit. (1. Mose 7,1-4)

Welches Tier diente in biblischer Zeit als Wecker?
Der Hahn, weil er so früh aufwacht und zu krähen beginnt. In manchen Ländern verlassen die Menschen sich noch heute auf ihn. (Markus 13,35)

Welches berühmte Wappentier dient in der Bibel als Symbol der Jugend?

Der Adler. Der König David schreibt einmal, daß derjenige, der auf Gott vertraut, neuen Schwung bekommt und sich wieder fröhlich und jung fühlt wie ein Adler. (Psalm 103,5)

Wie wurden bestimmte Vögel als Kalender benutzt?

Die Juden wußten, daß manche Vögel ganz regelmäßige Wanderzeiten haben, z. B. die großen, langsam fliegenden Störche, die im Frühling über das Jordantal flogen. (Jeremia 8,7)

Wie kam es zu dem Sprichwort: „Die Spatzen pfeifen es von den Dächern"?

Das Buch des Predigers warnt die Menschen davor, schlecht vom König zu reden, weil die Vögel es ihm weitererzählen werden. (Prediger 10,20)

Jesaja sprach Prophezeiungen über die große und wunderschöne Stadt Babel aus. Wer, sagte er, würde diese Stadt bald bewohnen?

Eulen und Strauße! Jesaja sah voraus, daß Babel bald zerstört und nur noch von Wüstentieren wie Eulen und Straußen bewohnt sein würde. Dies geschah einige Zeit später tatsächlich! (Jesaja 13,21)

Wir wollen uns hier mit niemand in die Wolle kriegen, aber welches Tier wird wohl in der Bibel am häufigsten erwähnt?

Riesige Schafherden bevölkerten die Hügel und Täler des Heiligen Landes. Deshalb ist auch 742 mal in der Bibel von Schafen die Rede.

Welche Tiere waren genau so schrecklich wie ein Heer, das in ein Land einbrach?

Heuschrecken. Das sind eine Art Grashüpfer, die in Schwärmen von vielen Tausenden vorkommen. Ein solcher Schwarm konnte die ganze Ernte eines Landes auffressen und eine große Hungersnot verursachen. (Jesaja 33,4)

Welchen Körperteil des wilden Ochsen benutzten die Israeliten manchmal, um Wasser darin zu transportieren?
Die Hörner dieser Ochsen waren so groß, daß bis zu 18 Liter Wasser hineingingen.

Welche seltsamen Dinge sah Petrus, bevor er den Hauptmann Kornelius traf? Was hatte das, was er sah, zu bedeuten?
Petrus sah ein großes Tischtuch voller „unreiner“ Tiere, und eine Stimme befahl ihm, davon zu essen. Mit dieser Vision machte Gott Petrus klar, daß er alle Menschen gleich behandeln mußte. (Apostelgeschichte 10)

Was für besondere Kellner sorgten für den Propheten Elia?
Raben brachten dem Propheten jeden Morgen und jeden Abend Brot und Fleisch, nachdem er vor König Ahab aus Israel geflohen war und sich in der Wüste versteckte.
(1. Könige 17,1-6)

Bevor Unglück über Hiob hereinbrach besaß er zahllose Tiere: 7000 Schafe, 3000 Kamele, 500 Paar Rinder und 500 Eselinnen. Was besaß er am Ende seines Lebens?
Der Herr belohnte Hiob für seinen Glauben und schenkte ihm doppelt so viele Tiere wie er zuvor besessen hatte. (Hiob 1,1-3; 42,12)

Die Israeliten durften keine Schweine essen. War es ihnen erlaubt, Insekten zu essen?
Ja! Die Bibel sagt, daß Insekten, die fliegen und gehen und kriechen, nicht gegessen werden dürfen, aber solche, die hüpfen, wie z. B. Grashüpfer, Heuschrecken und Grillen, galten als eßbar. (3. Mose 11,20-23)

In der Bibel werden insgesamt 35mal Tauben erwähnt. Wie oft kommen Schildkröten vor?
Überhaupt nicht! Schildkröten werden nirgendwo in der Bibel erwähnt. Tauben werden hingegen immer wieder als Opfergabe genannt. (Lukas 2,24)

Woher bekamen die Israeliten Wasser, als sie durch die Wüste zogen?
Aus einem Felsen! Auf ihrer Wanderung durch die Wüste rasteten die Israeliten einmal an einem Ort, an dem es kein Wasser gab. Da betete Mose zu Gott um Hilfe, und Gott sagte zu ihm, er solle seinen Wanderstab nehmen und damit auf einen Felsen schlagen. Mose tat es, und Wasser sprudelte heraus. (2. Mose 17,1-7)

Wer waren die am schönsten gekleideten Tiere in der Bibel?
Das waren wahrscheinlich die Kamele der Midianiter. Diese Kamele, die für Reisen durch die Wüste gebraucht wurden, trugen echte goldene Ketten um den Hals. (Richter 8,26)

Welches wilde Tier kommt in der Bibel am häufigsten vor?
Der Löwe. Er wird ungefähr 130 mal erwähnt. In alttestamentlicher Zeit gab es noch sehr viele Löwen. So wie heute noch war der Löwe auch damals ein Symbol der Stärke und der Königsherrschaft. Ein Löwe spielt auch eine wichtige Rolle in einer spannenden Geschichte über Daniel! (Daniel 6)

Auf welchem Tier ritt König Salomo an den Ort, wo er zum König gekrönt werden sollte?
Salomo ritt auf einem Maultier, das seinem Vater David gehörte. Als später Jesus auf einem Esel in Jerusalem einritt, zeigte er damit, daß auch er ein König war.
(1. Könige 1,32-35; Matthäus 21,1-7)

Es gibt nur einen einzigen Vogel in der Bibel, der spricht. Welcher Vogel ist das?
Ein Adler! Er fliegt und ruft dabei: „Weh! Weh! Weh!"
(Offenbarung 8,13)

Wie löschte ein Ziegenbock die Sünden der Israeliten aus?
Gott befahl Aaron, einen Ziegenbock in die Stiftshütte zu bringen, ihm die Hand auf den Kopf zu legen und dabei alle Sünden, die Israel begangen hatte, zu bekennen. Danach wurde der Ziegenbock in die Wildnis geführt und nahm die Sünden mit sich. (3. Mose 16,20-22)

Die Natur in der Bibel

Welche „Früchte" können wir in uns hervorbringen?
In seinem Brief an die Galater sagt Paulus, daß mit der Hilfe des Heiligen Geistes die „Früchte" der Liebe, der Geduld, der Freude, des Friedens, der Freundlichkeit, der Güte und der Treue in uns wachsen werden. (Galater 5,22-23)

Warum erlebte der Prophet Elia einen der schlimmsten Tage, von denen in der Bibel die Rede ist?
Elia erlebte an einem einzigen Tag einen furchtbaren Sturm, ein Erdbeben und ein schreckliches Feuer! (1. Könige 19,11-13)

Warum ist der Sinai ein heiliger Berg?
Auf dem Sinai empfing Mose die Zehn Gebote von Gott. Der Berg Sinai galt als so heilig, daß jeder Mensch – ja sogar ein Tier –, der ihn berührte gesteinigt oder mit Pfeilen erschossen werden mußte. (2. Mose 19,20-23)

Auf dem Gewand des Hohenpriesters war das Bild einer ganz bestimmten Frucht eingestickt. Welche Frucht war das?

Der Granatapfel. Diese Frucht galt als etwas so Besonderes, daß der Saum des hohepriesterlichen Gewandes mit blauen, purpurnen und roten Granatäpfeln bestickt wurde. Der Granatapfel war deshalb so kostbar, weil seine Frucht gegessen und sein Saft getrunken werden konnte und weil man aus seinen Blüten eine Medizin gewann. (2. Mose 28,33-34)

Was goß man Saul und David über den Kopf, als sie zu Königen von Israel gemacht wurden?

Der Prophet Samuel salbte sie mit Olivenöl. (1. Samuel 10,1; 16,13)

Aus welchen Bäumen baute König Salomo seinen berühmten Tempel?

Aus den Zedern des Libanon, dem größten Baum im Land der Bibel. Diese Zedern wurden 40 Meter hoch, und ihre Stämme erreichten einen Durchmesser von 2,40 Meter. (1. Könige 5,20)

Wie kam Absalom um?
Als Absalom auf seinem Maultier vor den Männern König Davids floh, verfing sich sein langes Haar in den Ästen eines Baumes, unter dem er durchritt. Dann fanden ihn Davids Männer und töteten ihn.
(2. Samuel 18,9-15)

Womit zündete Elia ein Feuer an?
Mit Wasser! Elia goß Eimer voll Wasser auf den Altar der Israeliten, und plötzlich entzündete Gott ein Feuer auf dem Altar.
(1. Könige 18,30-38)

Was geschah, als Aaron mit seinem Stab auf die Oberfläche des Nil schlug?
Das Wasser des Flusses verwandelte sich in Blut. Aber die Zauberer des Pharao beherrschten diesen Trick ebenfalls, deshalb war der Pharao nicht sehr beeindruckt.
(2. Mose 7,15-24)

Was für eine Wettervorhersage machte der Prophet Elia König Ahab?
Ahab war ein böser König und diente Gott nicht. Deshalb sagte Elia zu Ahab, daß es drei Jahre lang weder Regen noch Tau geben würde. Elias Vorhersage wurde wahr, und eine große Dürre und Hungersnot kam über das Land. (1. Könige 16,29-18,2)

Was sah Johannes in der Offenbarung vom Himmel fallen?
Johannes sah Hagelkörner, die 45 Kilo wogen, aus den Wolken fallen. Paßt bloß auf da unten! (Offenbarung 16,21)

Was benutzte Mose, um Wasser süß zu machen?
Eine Holzart. Die Israeliten waren drei Tage lang ohne einen Tropfen Wasser durch die Wüste gewandert. Sie kamen nach Mara, aber das Wasser, das sie dort fanden, konnten sie nicht trinken, weil es bitter war. Da zeigte Gott Mose einen Baum und sagte ihm, er solle ein Stück von seinem Holz in das Wasser werfen. Als Mose das tat, wurde das Wasser süß. (2. Mose 15,22-26)

Einmal, als Petrus fischen war, fing er etwas ganz Besonderes. Was war das?
Er fing einen Fisch, der ein Geldstück im Maul hatte! Jesus befahl Petrus, mit diesem Geld die Steuern für sie beide zu bezahlen. (Matthäus 17,24-27)

Als die Israeliten aus Ägypten entkommen waren, tat es ihnen zwar nicht leid, daß sie keine Sklaven mehr waren. Aber was vermißten sie dennoch sehr?
Das ägyptische Essen! Die Israeliten beklagten sich bei Mose, weil sie keine Fische, Gurken, Melonen, Zwiebeln und keinen Knoblauch mehr kriegen konnten.
(4. Mose 11,4-5)

Wer kämpfte einen so furchtbaren Kampf, daß die Erde bebte?
Korach und einige andere Israeliten stritten mit Mose und Aaron, weil sie sie nicht mehr als Anführer wollten. Da wurde Gott so zornig über Korach und seine Leute, daß er der Erde befahl, sich zu öffnen und sie zu verschlucken! (4. Mose 16,1-35)

Warum war Jesus so aufgebracht über ein paar Gewürze?
Die Schriftgelehrten und Pharisäer nahmen es mit den Abgaben sehr genau – sie gaben von allem, was sie hatten, ein Zehntel Gott. Doch Jesus sagte, daß sie weniger Zeit damit verbringen sollten, ihre Minze, ihren Dill und Kümmel abzuwiegen und stattdessen mehr Gerechtigkeit, Barmherzigkeit und Treue zeigen sollten.
(Matthäus 23,23)

Wer hörte einem Busch zu?
Mose. Gott erschien Mose als ein brennender Busch, der nicht vom Feuer verbrannt wurde. Er sagte Mose, daß er ihn ausgewählt habe, die Israeliten aus Ägypten herauszuführen.
(2. Mose 3,1-10)

Was für einen ungewöhnlichen Wegweiser benutzten die Israeliten, als sie aus Ägypten flohen?
Gott selbst führte die Israeliten durch die Wüste. Er ging ihnen am Tag als eine Wolkensäule und in der Nacht als Feuersäule voran.
(2. Mose 13,17-22)

Was für ein knackiges Geschenk schickte Jakob Josef nach Ägypten?
Unter den Geschenken, die Josefs Brüder nach Ägypten brachten, waren Pistazien und Mandeln. (1. Mose 43,11)

Wer sah ein Meer aus Glas?
Johannes. (Offenbarung 4,6)

Unter was für einem merkwürdigen Putz-Gerät saß Elia?
Er ruhte sich unter einem Besenginsterbusch aus. Der Besenginster war eine Wüstenpflanze – oft groß genug, daß jemand sich darunter setzen konnte. In manchen Bibelübersetzungen wird sie auch als Wacholder bezeichnet. (1. Könige 19,4)

Jakob schlief auf seiner Reise nach Haran nachts wahrscheinlich nicht besonders gut. Warum nicht?
Er benutzte einen Stein als Kopfkissen! (1. Mose 28,10-11)

Zofar erzählte von einem Fluß, der sehr zäh gewesen sein muß. Was war das für ein Fluß?
Ein Fluß aus Honig. (Hiob 20,17)

An welchem geheimen Ort verbargen sich Obadja und 100 andere Propheten?
In zwei Höhlen. Obadja versteckte in jeder Höhle 50 Propheten vor der Königin Isebel, die sie töten wollte. (1. Könige 18,3-4)

Was für einen Sonnenschutz benutzte Jona in der Wüste?
Eine Rizinusstaude. Gott tat ein Wunder und ließ eine große Staude wachsen, die Jona Schatten vor der heißen Wüstensonne spendete. (Jona 4,6)

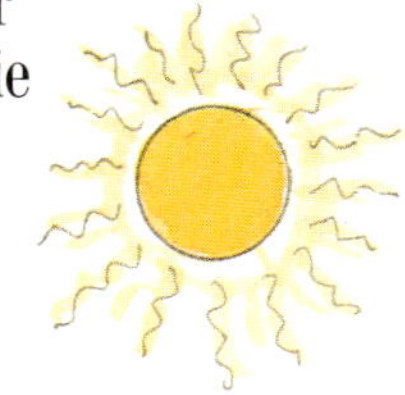

Mit welcher teuren Frucht verglich Salomo einen guten Rat?
Mit goldenen Äpfeln – in silbernen Schalen! (Sprüche 25,11)

Welche große Pflanze wächst aus einem ganz kleinen Samenkorn hervor?
Der Senfstrauch. Jesus sagte, daß das Himmelreich wie ein Senfstrauch sei: Zu Anfang ist es das kleinste Korn aller Samenkörner, doch aus diesem Korn wird ein großer Baum, in dem Vögel ihre Nester bauen können. (Matthäus 13,31-32)

Städte, Länder und Kulturen

Welche Stadt gilt als die älteste Stadt der Welt?
Jericho. Auf dem Boden von Jericho standen nacheinander fünf Städte. Als Josua und die Israeliten einst in Kanaan einzogen, griffen sie Jericho an. Die Stadt war durch zwei starke Mauern geschützt. Jede von ihnen war neun Meter hoch und zwei Meter dick. (Josua 6)

Wer baute die Stadt Jericho wieder auf? Und welchen schrecklichen Preis zahlte er dafür?
Zur Zeit der Herrschaft König Ahabs über Israel machte sich Hiel von Bethel an den Wiederaufbau Jerichos. Als Hiel den Grundstein legte, starb sein erstgeborener Sohn, Abiram. Und als er die Stadttore errichten ließ, starb sein Sohn Segub. So erfüllte sich der Fluch Gottes über Jericho, wie Josua vorhergesagt hatte. (1. Könige 16,34)

Was war acht Meter hoch und fünf Meter dick?
Die beiden Säulen des salomonischen Tempels. Es waren riesige, innen hohle Bronzeröhren. Die bronzene Röhrenwand war zehn Zentimeter dick. Die Verzierungen an der Spitze der Säulen waren ebenfalls aus Bronze und 2,20 Meter hoch. (1. Könige 7,15-22)

Wer wurde von Salomo dazu „angestellt“, den Innenraum des Tempels zu bewachen?
Im Innenraum des Tempels wurde die Bundeslade aufbewahrt. Salomo ließ deshalb zwei Engelstatuen als Wachen darin aufstellen. Jede dieser Statuen war vier Meter hoch. Sie waren aus dem Holz des Ölbaums geschnitzt und ganz mit Gold überzogen. Ihre ausgebreiteten Flügel reichten von Wand zu Wand.
(1. Könige 6,23-28)

König Hiskia von Juda war berühmt für seine Weisheit und Gottesfurcht. Was hat er für Jerusalem getan?
Er baute einen Teich und eine Wasserleitung und versorgte die Stadt auf diese Weise mit Wasser.
(2. Könige 20,20)

Welche „Tochter“ hat weder Mutter noch Vater?
Manche größeren Städte waren in biblischer Zeit der Mittelpunkt vieler kleiner Dörfer um sie herum. Diese Dörfer wurden „Töchter“ genannt. In unserer Bibel werden sie meist als „umliegende Ortschaften“ bezeichnet. Von dort kamen wahrscheinlich die Nahrungsmittel für die Hauptstadt. (2. Chronik 28,18; Nehemia 11,25-31)

Als König Salomo die Tochter des Pharao von Ägypten heiratete, machte der Pharao ihnen ein wahrhaft gigantisches Geschenk. Was war das?
Der Pharao schenkte dem Paar die ganze Stadt Geser. (1. Könige 9,16)

Als die Israeliten nach ihrer Flucht aus Ägypten Kanaan erreichten, schickte Mose zuerst einmal zwölf Kundschafter aus. Was berichteten ihm die Männer, als sie zurückkehrten?
Sie waren beeindruckt von den herrlichen Früchten, die in dem neuen Land wuchsen, aber sie sagten auch, daß seine Bewohner groß und furchteinflößend seien. Als die Israeliten das hörten, bekamen sie Angst und weigerten sich, das Land in Besitz zu nehmen, wie Gott ihnen befohlen hatte. Deshalb strafte Gott sie und ließ sie noch viele Jahre lang in der Wüste umherziehen. (4. Mose 13-14)

Wie lange dauerte es, bis die Paläste König Salomos fertiggestellt waren?
Die Paläste waren so riesengroß, daß es 13 Jahre dauerte, bis sie fertig waren! Ein Saal darin hatte 45 Säulen. (1. Könige 7,1-14)

Aus welchem Material werden die Stadttore im Himmel sein?
Aus Perlen! So sind in der Offenbarung des Johannes die zwölf Stadttore des neuen Jerusalem, des Paradieses, beschrieben: Jedes besteht aus einer einzigen Perle. (Offenbarung 21,21)

Was war zur Zeit der Bibel die königliche Farbe?
Purpur war die Farbe der Könige und Königinnen – damals wie heute. Die Purpurfarbe, die in alter Zeit benutzt wurde, stammte von einer Schnecke. Für eine winzige Menge Farbe benötigte man Tausende solcher kleiner Schnecken, deshalb konnten sich nur sehr reiche Leute purpurne Gewänder leisten. (2. Mose 25,4; Richter 8,26)

Wie heißt das erste Bauwerk, das in der Bibel erwähnt wird, und wozu wurde es errichtet?
Das war der Turm zu Babel. Er sollte eine Art Treppe in den Himmel werden. Aber Gott machte dem Bau ein Ende, indem er den Arbeitern unterschiedliche Sprachen gab, so daß sie einander plötzlich nicht mehr verstehen konnten. (1. Mose 11,1-9)

Warum verbot Gott David, den Tempel zu bauen?
David hatte schon alles Baumaterial für den Tempel des Herrn zusammen. Da verbot Gott ihm, diesen Tempel zu bauen, weil er zu viele Menschen in der Schlacht getötet hatte. Erst Davids Sohn Salomo, ein Mann des Friedens, durfte den Tempel bauen. (1. Chronik 22,2-10)

Welche Stadt hatte den Beinamen „Stadt der Palmen"?
Jericho. Der Name Jericho selbst bedeutet wahrscheinlich „Mond-Stadt".

Was tat Simson mit den Toren der Stadt Gaza?
Er nahm sie einfach und trug sie weg! Die Polizei hatte Simson in der Stadt umzingelt und wartete nun auf den Morgen, um ihn gefangenzunehmen. Doch um Mitternacht ging Simson zu den Toren, hob sie aus ihrer Verankerung und verschwand aus der Stadt! (Richter 16,1-3)

Wahrscheinlich hättest Du die Leute, während sie am Tempel des Herrn bauten, pfeifen hören können. Warum?
Die Steine für den Bau waren bereits zurechtgehauen und an den Kanten abgeschliffen, so daß der Tempel ganz ohne das Geräusch von Hämmern, Meißeln und Äxten errichtet wurde. (1. Könige 6,7)

Wo kannst Du das „Fischtor", das „Schaftor" und den „Ofenturm" finden?
Diese Bauwerke gehören zur Stadtmauer von Jerusalem. Nehemia erzählt, wie sie nach der Zerstörung Jerusalems durch die Feinde Israels wieder aufgebaut wurden. (Nehemia 3)

Was gab Salomo Hiram für das Bauholz und das Gold, das dieser ihm für den Bau des Tempels geschickt hatte?
Hiram bekam 20 Städte, aber er war mit dieser Bezahlung nicht besonders glücklich! (1. Könige 9,10-12)

Was sagte Paulus in seiner „Anfeuerungsrede“ an die Korinther?

Die Stadt Korinth war berühmt für ihre sportlichen Wettkämpfe. Deshalb verglich Paulus das Leben der Christen in seinem Brief an die Korinther mit einem Rennen, mit dem Training für den Wettkampf und mit anderen Bildern aus dem Sport.
(1. Korinther 9,24-27)

Welche Stadt in Kanaan wurde von den Israeliten „in Schutt und Asche gelegt“?

Das war Ai, der Name der Stadt bedeutet „Ruine“. (Josua 8,3-29)

Was ist eine Brüstung und warum mußte jedes jüdische Haus eine Brüstung haben?

Eine Brüstung war eine Art Schutzgeländer rund um das Dach. Die Leute waren oft auf dem Dach, und deshalb gab es ein Gesetz, daß jedes Haus eine Brüstung bekommen mußte, damit der Hausbesitzer nicht schuld war, wenn jemand vom Dach herunterfiel.
(5. Mose 22,8)

An welche Stadt schrieb Paulus seinen längsten Brief?
An Rom. (Den Römerbrief.)

Welche Stadt war nach den Worten des Johannes der „Thron des Satans"?
Pergamon. Johannes nannte diese Stadt den „Thron des Satans", weil sie das offizielle Zentrum des Kaiserkultes in Asien war. (Offenbarung 2,12-13)

Welche beiden Städte wurden häufig als die nördliche und die südliche Grenze Israels bezeichnet?
Dan im Norden und Beerscheba im Süden.
(Richter 20,1; 2. Chronik 30,5)

Welche biblische Stadt wurde oft einfach „Zion“ genannt?
Jerusalem.

In welcher Stadt werden die Menschen keine Lampen mehr brauchen?
Im neuen Jerusalem – im Paradies. Dort wird die Herrlichkeit Gottes leuchten und alles hell machen. (Offenbarung 22,5)

Welche Stadt hatte „lauwarme“ Einwohner?
Laodizea. Johannes sagte in seinem Brief an den Leiter der Gemeinde dieser Stadt, daß die Leute von Laodizea weder warm noch kalt seien. Er forderte sie auf, ihren Glauben an Gott stärker zu zeigen. (Offenbarung 3,14-16)

Seltsam, aber wahr!

Womit war Saul gerade beschäftigt, als der Prophet Samuel kam und ihn zum ersten König von Israel machen wollte?
Saul war gerade dabei, ein paar ausgerissene Esel, die seinem Vater gehörten, wieder einzufangen.
(1. Samuel 9,1-20)

Jeremia sagt, ein Götze sei wie ein Ding, das man in manchen Gärten sehen kann. Was meint er damit?
Jeremia sagt, daß Götzen nur wie Vogelscheuchen sind, weil sie weder reden noch gehen können.
(Jeremia 10,5)

Als Petrus im Gefängnis war, verhalf ihm ein Engel zur Flucht. Was taten die beiden römischen Wachen?
Sie verschliefen das Ganze! (Apostelgeschichte 12,1-9)

Wieviel Essen war nötig, um alle Leute im Palast König Salomos satt zu bekommen?
Unter anderem brauchte man jeden Tag 195 Scheffel (das entspricht ungefähr 7060 Litern) Mehl und schlachtete 30 Kühe und 100 Schafe.
(1. Könige 5,1-3)

Warum saß einem in alter Zeit, wenn man einen Kampf verlor, die Angst im Nacken?
Weil der Gewinner nach der Schlacht dem Besiegten oft zum Zeichen seines Sieges den Fuß in den Nacken setzte. (Klagelieder 5,5)

Welchem Propheten befahl Gott, ein Buch aufzuessen?
Dem Propheten Hesekiel.
Er sollte das Buch essen und die Botschaft, die darin geschrieben stand, dann dem Volk Israel erzählen. Als Hesekiel das Buch aß, schmeckte es wie Honig!
(Hesekiel 3,1-4)

Was geschah mit Zacharias, als der Engel Gabriel ihm sagte, daß er und seine Frau Elisabeth einen Sohn bekommen würden?
Weil Zacharias Gabriel nicht glaubte, sagte der Engel zu ihm, daß er stumm sein würde und nicht mehr sprechen könnte, bis das Kind geboren war. (Lukas 1)

Im alten Israel war es Brauch, daß man zur Bekräftigung eines Handels oder eines Abkommens etwas hergeben mußte. Was war das?
Die Sandale. (Rut 4,7)

Manche Leute können anderen ihre Träume erklären. Daniel aber konnte noch mehr – was tat er?
Daniel erzählte König Nebukadnezar erst einmal, was er geträumt hatte, und dann erklärte er ihm den Traum. (Daniel 2)

Was tat Agabus, um Paulus klarzumachen, was in Jerusalem mit ihm geschehen würde?

Er nahm den Gürtel von Paulus und band sich die Hände und die Füße zusammen. Genauso würden es die Juden mit Paulus machen und ihn dann an die Römer ausliefern. (Apostelgeschichte 21,10-11)

Wer wachte am Morgen nach seiner Hochzeit auf und mußte feststellen, daß er die falsche Frau geheiratet hatte?

Jakob. Jakob hatte sich bereiterklärt, sieben Jahre lang für seinen Onkel Laban zu arbeiten, damit er Rahel heiraten konnte. Am Morgen nach der Hochzeit entdeckte er jedoch, daß sein Onkel ihn betrogen hatte und daß er stattdessen Lea, Rahels ältere Schwester, geheiratet hatte. Jetzt mußte er nocheinmal sieben Jahre arbeiten, bis er die Frau bekam, die er eigentlich wollte! (1. Mose 29,16-30)

Judas erzählt in seinem Brief von einem Streit zwischen dem Erzengel Michael und dem Satan. Worüber stritten die beiden?

Über Moses Leichnam. (Judas 9)

Was war so ungewöhnlich an Bileams Eselin?
Sie konnte sprechen! Als Bileam sie schlug, weil sie nicht weitergehen wollte, redete die Eselin auf einmal mit ihm. Sie hatte nur versucht, ihn vor dem Engel zu warnen, der mitten auf der Straße stand. (4. Mose 22,22-31)

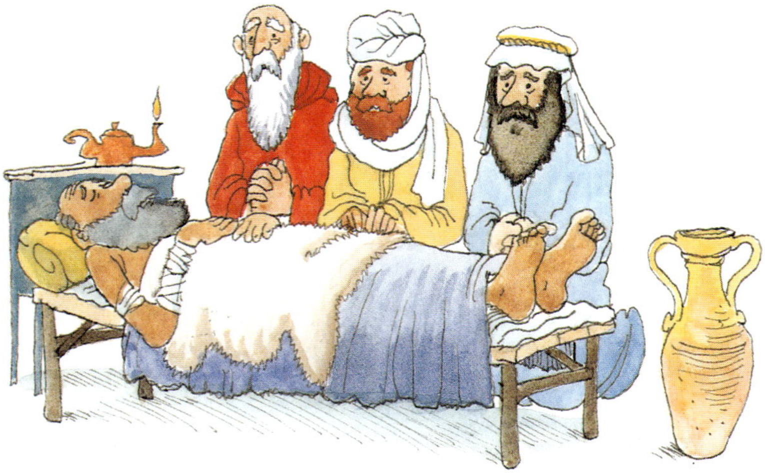

Wer machte seine Freunde sprachlos?
Hiob. Hiob hatte Schweres erlebt, und seine drei besten Freunde beschlossen, ihn zu besuchen. Als sie aber sahen, wie verzweifelt er war, wurden sie so traurig, daß sie nichts mehr sagen konnten und sieben Tage und Nächte still bei ihm saßen. (Hiob 2,11-13)

Wieviele Soldaten hatte das größte Heer?
General Serach von Äthiopien führte ein Heer von einer Million Männern an! Er wurde jedoch von König Asa von Juda besiegt, dessen Armee nur 580 000 Mann stark war. (2. Chronik 14,8-12)

Die Geschenke, die die drei Weisen dem Jesuskind mitgebracht hatten, sagten die Zukunft voraus. Wie ging das zu?
Alle drei Geschenke waren eigentlich prophetische Gaben, keine Geschenke für ein Baby, nicht einmal in der damaligen Zeit. Das Gold war ein Zeichen für Jesu zukünftige Königsherrschaft. Der Weihrauch, der bei Opfergottesdiensten verwendet wurde, besagte, daß er Hoherpriester werden würde. Aber das seltsamste Geschenk für ein Baby war die Myrrhe – mit diesem Gewürz, das man bei Salbungszeremonien brauchte, wurde der Leib Jesu später zum Begräbnis vorbereitet. (Matthäus 2,11; Johannes 19,39-40)

Wo in der Bibel werden die Israeliten mit einem Gebäck verglichen?
Gott sagte einmal, daß die Israeliten so nutzlos seien wie ein nur halbgebackener Kuchen, weil sie die Götter anderer Völker anbeteten. (Hosea 7,8)

Warum hätte Lots Frau lieber nur auf den Weg schauen sollen?
Die Leute von Sodom und Gomorrha hatten sich gegen Gott gewandt, deshalb beschloß Gott, diese Städte zu zerstören. Zuvor warnte er jedoch Lot und sagte zu ihm, er solle mit seiner Familie fliehen. Sie sollten sich dabei aber auf keinen Fall umsehen. Als sie weggingen, sah Lots Frau zurück und wurde in eine Salzsäule verwandelt! (1. Mose 19,17-26)

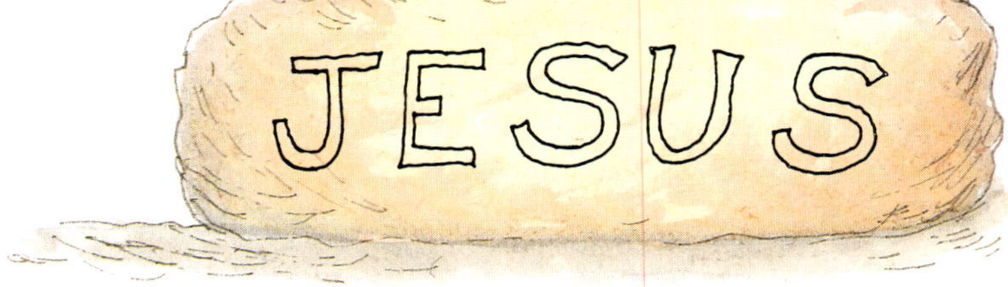

Wer war ein „lebendiger Stein“?
Jesus. Petrus sagte, daß Christus der „lebendige Stein“ ist, auf den Gott baut. (1. Petrus 2,4)

Auf welches Volk warf Gott seinen Schuh?
Auf Edom. Damit ist vielleicht der Brauch gemeint, daß man zur Bestätigung eines Abkommens einen Schuh hergab. (Psalm 60,10)

Die aramäische Armee hatte die Hauptstadt Israels umzingelt. Doch plötzlich ließen die Soldaten alles stehen und liegen und rannten weg. Warum?
In der Nacht machte Gott einen Lärm wie ein riesiges Heer mit dahinrasenden Streitwagen und galoppierenden Pferden. Da dachten die Aramäer, die Israeliten hätten sich mit zwei anderen Armeen verbündet, und flohen vor Schreck. (2. Könige 7,6-7)

Marta und Maria waren sehr traurig, als Jesus sie besuchte, doch als er wieder ging, waren sie außer sich vor Freude. Warum?
Als Jesus zu Marta und Maria kam, erzählten sie ihm, daß ihr Bruder Lazarus vor vier Tagen gestorben sei. Da ging Jesus an das Grab und machte Lazarus wieder lebendig! (Johannes 11,17-44)

Welcher Stadt zog Gott Schuhe an?
Jerusalem. Das ist ein Zeichen dafür, wie gut Gott für diese Stadt sorgte. (Hesekiel 16,10)

Welchen Nachteil haben Schlangen gegenüber anderen Tieren?
Weil Schlangen auf der Erde kriechen, müssen sie Staub schlucken!
(1. Mose 3,14; Jesaja 65,25)

Jesus sagte, daß eine arme Witwe mehr opfern könne als ein reicher Mann. Wie kam er darauf?
Weil die Witwe so wenig hatte, war das Opfer, das sie gab, sehr viel größer als das Opfer des reichen Mannes. (Lukas 21,1-4)

Womit heilte Jesus zuerst einen Tauben und dann noch einen Blinden?
Mit seinem eigenen Speichel! (Markus 7,31-37; 8,22-25)

Was machte Ägypten angesichts der Macht Gottes so „zappelig“?
Gott schickte eine Froschplage in das Land. Überall saßen Frösche. Da merkten die Ägypter, wie mächtig Gott war. (2. Mose 8,1-6)

Hättest Du das gewußt?

Was würdest Du einem Engel zum Essen vorsetzen?
Als Gideon, ein Richter Israels, Besuch von einem Engel bekam, servierte er ihm geröstetes Ziegenfleisch, Brot und Fleischbrühe. (Richter 6,19)

In welches berühmte amerikanische Wahrzeichen ist der Spruch aus 3. Mose 25,10 eingraviert: „Ihr sollt eine Freilassung ausrufen im Lande für alle, die darin wohnen"?
In die Freiheitsglocke in Philadelphia, Pennsylvania.

Viele Propheten begannen ihre Laufbahn als Priester und waren sehr gebildet. Was für einen Beruf hatte dagegen Amos, bevor Gott ihn berief?
Er war Hirte und züchtete außerdem Maulbeeren. (Amos 1,1; 7,14-15)

Warum beschloß Paulus, nach Mazedonien (in Griechenland) zu gehen und dort zu predigen?
In einer Vision sah Paulus einen Mann aus Mazedonien, der ihn bat: „Komm und hilf uns!“ Noch klarer kann eine Botschaft Gottes nicht sein! (Apostelgeschichte 16,9-10)

Was taten die vier Freunde eines Gelähmten, um durch die vielen Menschen hindurch zu Jesus zu gelangen?
Sie gruben ein Loch in das Lehmdach und ließen den Gelähmten auf einer Bahre hinunter! Jesus vergab dem Mann seine Sünden und heilte ihn. (Markus 2,1-12)

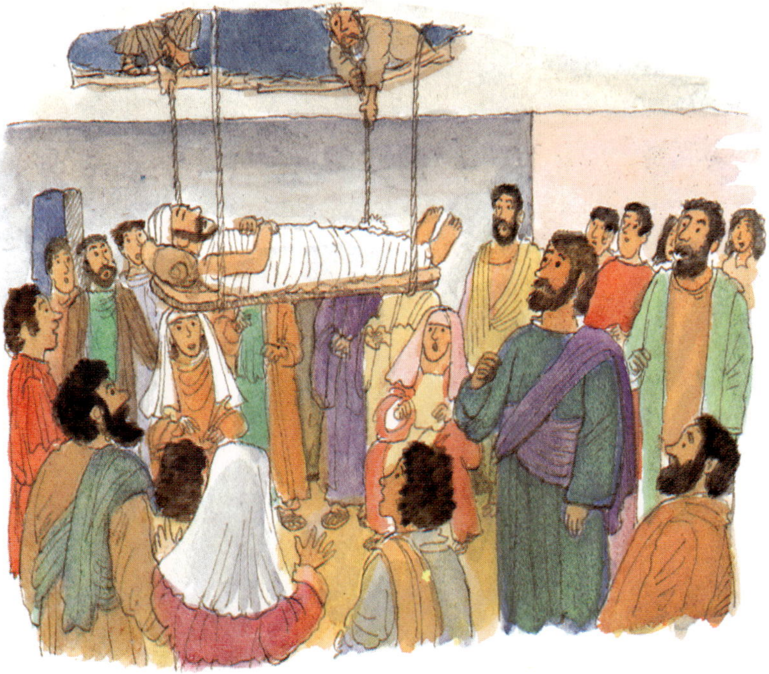

Was sollte Timotheus Paulus bringen, als er im Gefängnis war?
Die einzigen Dinge, die Paulus wollte, waren sein Mantel, ein paar Bücher (Schriftrollen) und einige Bögen Pergament (es wurde in damaliger Zeit als Papier benutzt). (2. Timotheus 4,9-13)

Womit vergleicht der Prophet Jeremia das Königreich Babylon?
Jeremia nennt Babylon den größten Hammer auf der ganzen Welt. Doch er sagt, daß dieser Hammer eines Tages zerbrechen wird. (Jeremia 50,22-25)

Wer führte die erste Einberufung von Soldaten durch?
Eleasar, der Sohn Aarons, berief alle israelitischen Männer zum Heer, die 20 Jahre oder älter waren. (4. Mose 26,1-2)

Was passierte Eutychus, als er einer der langen Predigten des Apostels Paulus zuhörte?
Eutychus schlief ein, während er an einem offenen Fenster saß. Er fiel aus dem Fenster im dritten Stock und starb! Paulus lief hinunter, hob ihn auf und machte ihn wieder lebendig. (Apostelgeschichte 20,7-12)

Wer muß niemals schlafen?
Gott braucht keinen Schlaf. Er wacht stets über alle Menschen; er schlummert nicht und schläft nicht. (Psalm 121,3-4)

Was für Schmuck liebten die Angehörigen des Stammes Ismael?
Sie trugen alle goldene Ohrringe. (Richter 8,24)

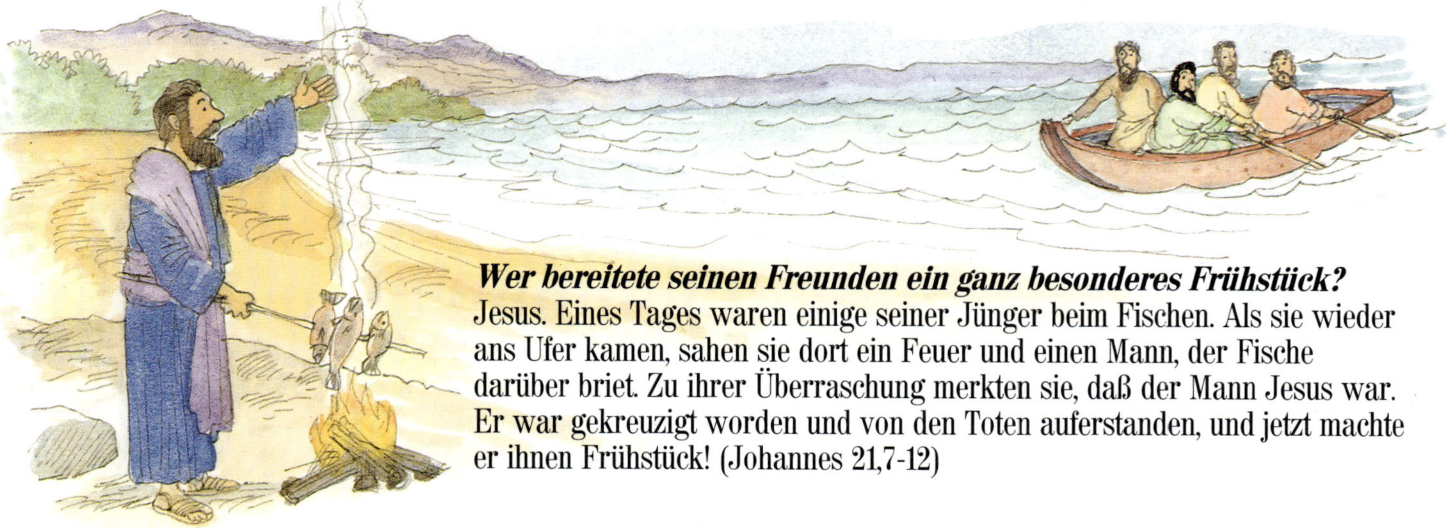

Wer bereitete seinen Freunden ein ganz besonderes Frühstück?
Jesus. Eines Tages waren einige seiner Jünger beim Fischen. Als sie wieder ans Ufer kamen, sahen sie dort ein Feuer und einen Mann, der Fische darüber briet. Zu ihrer Überraschung merkten sie, daß der Mann Jesus war. Er war gekreuzigt worden und von den Toten auferstanden, und jetzt machte er ihnen Frühstück! (Johannes 21,7-12)

Wieviel mußte der Prophet Hosea bezahlen, um seine Frau aus der Sklaverei freizukaufen?
Hosea bezahlte eine kleine Geldsumme und fünfzehn Scheffel (etwa 8 Körbe) Gerste, um seine Frau Gomer zurückzubekommen. (Hosea 3,2)

Schamgar, einer der Richter Israels, tötete einmal 600 Philister. Was für eine ungewöhnliche Waffe benutzte er dazu?
Er nahm einen Ochsenstecken – einen einfachen, langen Stab, mit dem man die Tiere antrieb. (Richter 3,31)

Einst fochten die Truppen König Davids einen schrecklichen Kampf mit den Riesen von Gat aus. Was war an einem dieser Riesen so Besonderes?
Er hatte zwölf Finger und zwölf Zehen! (2. Samuel 21,20-21)

Was war das Besondere an dem Stab, den Aaron hatte?

Als der Pharao Mose und Aaron aufforderte, ein Wunder zu vollbringen, verwandelte sich Aarons Stab in eine Schlange! Die Zauberer des Pharao konnten zwar dasselbe Wunder tun, doch Aarons Schlange fraß die Schlangen der Zauberer auf! (2. Mose 7,8-12)

Welche wichtigen Anweisungen gab ein Engel der Mutter Simsons, bevor Simson auf die Welt kam?

Der Engel verbot ihr, Trauben oder Rosinen oder irgendetwas anderes, was die Israeliten nicht essen durften, zu essen. Auch Wein durfte sie nicht trinken. Das Wichtigste aber war: Sie sollte Simson nicht die Haare schneiden! (Richter 13,1-5)

Wer verpaßte Simson den einzigen Haarschnitt seines Lebens?

Ein Frisör. Delila brachte Simson dazu, ihr das Geheimnis seiner Kraft zu verraten, aber sie schnitt ihm nicht selbst das Haar ab. Als Simson eingeschlafen war, rief Delila die Anführer der Philister und die holten einen Frisör. (Richter 16,4-22)

Welcher Prophet sah einen starken Vogel?
Das war Hesekiel. Er sah einen riesigen Adler mit bunten Federn, der die Spitze einer Zeder forttrug. (Hesekiel 17,3-4)

Oft tauschen Brüder Fußballkarten oder Spielzeug. Welchen Tausch machten Esau und Jakob miteinander?
Eines Tages kam Esau von der Jagd nach Hause und war so hungrig, daß er Jakob für ein Eintopfgericht sein Recht als Oberhaupt der Familie eintauschte! (1. Mose 25,29-34)

Wen rettete Jesus aus einer „Untergangserfahrung"?
Petrus. Eines Nachts waren die Apostel in einem Boot draußen auf dem See, als ein Sturm aufkam. Da kam Jesus über das Wasser zu ihnen. Petrus versuchte, ihm über das Wasser entgegenzugehen, doch er bekam Angst und begann unterzugehen. Jesus streckte die Hand aus und rettete ihn. (Matthäus 14,22-33)

Wie lange waren die Israeliten in Ägypten?
430 Jahre! (2. Mose 12,40)

Wer mußte keine Steuern zahlen?
In der Zeit des Propheten Esra erließ König Artaxerxes ein Gesetz, daß Priester, Leviten, Chormitglieder, Türsteher, Tempeldiener und andere Leute, die im Tempel arbeiteten, keinerlei Steuern zahlen mußten. (Esra 7,24)

Wie brachten Josua und seine Armee die Stadtmauern von Jericho zum Einsturz?
Gott gebot Josua, mit seinen Heer sechs Tage lang jeden Tag einmal um die Stadt herumzugehen. Am siebten Tag sollten sie die Stadt dann siebenmal umrunden. Danach sollten sie in ihre Hörner stoßen und schreien. Josua und seine Männer taten, was Gott gesagt hatte. Die Mauern von Jericho stürzten ein, und die Stadt war besiegt. (Josua 6)

Welcher Prophet war schneller als ein galoppierendes Pferd?
Elia. Er überholte den Streitwagen König Ahabs! (1. Könige 18,46)

Welche Stadt hatte ziemlich „kratzige" Einwohner?
Ninive. Die Einwohner der Stadt trugen alle Kleider aus Sackleinen, zum Zeichen, daß sie um Vergebung für ihre Sünden baten. (Sackleinen ist schrecklich kratzig!) (Jona 3,6-9)

Welchen „fuchsschlauen" Trick wandte Simson bei den Philistern an?
Er band Fackeln an die Schwänze von Füchsen und ließ sie in die Kornfelder der Philister laufen. Ihre ganze Ernte verbrannte! (Richter 15,3-5)

Handwerk und Technik

Welches ganz besonere Talent hatten die Männer des Stammes Benjamin?
Sie waren sehr geschickt im Umgang mit Schleudern. David, der ebenfalls diesem Stamm angehörte, tötete, als er noch ganz jung war, Goliat mit einer Schleuder. (1. Chronik 12,2)

Wo stand das „erste Sparschwein"?
Im Tempel in Jerusalem. Der Hohepriester Jojada stellte eine Kiste mit einem Loch im Deckel neben dem Altar am Tor des Tempels auf. Die Spenden, die die Menschen hineinwarfen, wurden für die Reparatur des Tempels verwendet.
(2. Könige 12,8-12)

Wie sah König Salomos Badewanne (auch das „gegossene Meer" genannt) aus?
Das war eine Art riesige Waschschüssel, die im Hof des salomonischen Tempels stand. Sie war ganz aus Bronze und stand auf den Rücken von zwölf riesigen bronzenen Ochsen. Dieses gigantische Waschbecken faßte 54 000 Liter Wasser! Die Tempelpriester wuschen sich darin die Hände und Füße.
(1. Könige 7,23-26)

Warum zettelte der Silberschmied Demetrius einen Aufruhr in Ephesus an?
Der Apostel Paulus sagte den Menschen, sie sollten die aus Silber gemachten Götzenbilder, die in der Stadt sehr beliebt waren, nicht mehr anbeten. Demetrius fürchtete um seine Arbeit, deshalb waren er und seine Kollegen ärgerlich. (Apostelgeschichte 19,21-40)

Wer hatte ein eisernes Bett?
König Og von Baschan besaß ein eisernes Bett, das vier Meter lang und zwei Meter breit war! (5. Mose 3,11)*

* Elberfelder Übersetzung

Woraus bestand König Salomos Thron?
Salomos riesiger Thron war aus Elfenbein und mit reinem Gold überzogen. Er hatte sechs Stufen. Zu beiden Seiten jeder Stufe saß ein Löwe. (1. Könige 10,18-20)

In was für einem Loch fanden sich Josef und auch Jeremia plötzlich wieder?
Beide wurden in einen ausgetrockneten Brunnen geworfen – Josef von seinen Brüdern und Jeremia von vier Männern, die Angst vor seiner Predigt hatten. (1. Mose 37,21-24; Jeremia 38,6)

König Salomo besaß etwas, das war aus Holz und hatte Pfosten aus Silber, einen goldenen Baldachin und purpurne Sitze. Was war das?
Sein herrlicher Wagen. Er war extra für ihn gebaut worden. (Hoheslied 3,9-10)

Was war so außergewöhnlich an den Kleidern und Schuhen, die die Israeliten trugen, als sie aus Ägypten flohen?
Die Israeliten wanderten 40 Jahre lang durch die Wüste. In der ganzen Zeit gingen ihre Kleider und Schuhe nicht kaputt! (5. Mose 29,4)

Was baute König Usija besonders gern?
Brunnen. Er ließ viele Brunnen in der Wüste graben. (2. Chronik 26,10)

Was für ein seltsames Gerüst ließ Haman errichten?
Haman ließ einen 23 Meter hohen Galgen bauen, als er plante, Mordechai zu töten. Doch sein Mordanschlag ging nach hinten los:
Er selbst wurde schließlich an dem Galgen erhängt. (Ester 5-7)

Wo ließ Jonadab seine Nachkommen wohnen?
In Zelten. Jonadab verbot seiner Familie, jemals Häuser zu bauen. Sie sollten immer in Zelten leben. (Jeremia 35,6-7)

Was war einer der Gründe, warum Isaak nach Gerar ziehen mußte?
Die Philister waren so neidisch auf die reichen Ernten, die Isaak einbrachte, und auf seine großen Herden, daß sie alle seine Brunnen mit Erde auffüllten! (1. Mose 26,12-15)

In welchem Fall ist ein unbehauener Stein besser als ein behauener?
Wenn man einen Altar bauen will. Das Gesetz schrieb vor, daß zum Bau eines Altars für den Gottesdienst oder zum Opfern nur unbehauene Steine verwendet werden durften. (2. Mose 20,25)

Welcher Stamm Israels hatte einen Wagenzug?
Die Leviten. Mose gab ihnen sechs Wagen mit Verdeck, in denen sie die Stiftshütte transportieren konnten. (4. Mose 7,1-6)

Welches Gegengift setzte Mose bei einem Schlangenbiß ein?
Als die Israeliten in der Wüste einmal gegen Gott aufbegehrten, schickte er giftige Schlangen, um sie zu strafen. Doch Mose bat Gott, das Volk zu retten. Da befahl Gott ihm, ein bronzenes Abbild einer Schlange zu machen und es an einer großen Stange aufzustellen. Jeder, der gebissen wurde, mußte nur die bronzene Schlange ansehen, und schon war er gerettet! (4. Mose 21,4-9)

Was für ein Götzenbild machte Aaron für die verängstigten Israeliten, während Mose auf dem Berg Sinai beschäftigt war?
Aaron goß ein goldenes Kalb – aus eingeschmolzenen Ohrringen! (2. Mose 32,1-4)

Warum ließ König Joschafat eine Flotte bauen?
Die Schiffe sollten auf Schatzsuche gehen und Reichtümer mit nach Hause bringen, wie einst die Schiffe König Salomos. Doch die Flotte wurde zerstört, noch bevor die Schiffe Segel gesetzt hatten. (1. Könige 22,49)